# Vehículos en acción

# Autos de carrera: ¡Enciendan sus motores!

**Molly Aloian y Bobbie Kalman**

Crabtree Publishing Company

www.crabtreebooks.com

# Creado por Bobbie Kalman

Dedicado por Andrew Elliott
Para toda persona que oye el sonido de un auto de carrera que pasa
volando y sueña con ganar las 500 millas de Indianápolis

**Editora en jefe**
Bobbie Kalman

**Equipo de redacción**
Molly Aloian
Bobbie Kalman

**Editora de contenido**
Kathryn Smithyman

**Editores**
Kelley MacAullay
Michael Hodge

**Investigación fotográfica**
Crystal Foxton

**Diseño**
Margaret Amy Salter

**Coordinación de producción**
Heather Fitzpatrick

**Técnica de preimpresión**
Nancy Johnson

**Consultora**
Petrina Gentile Zucco, periodista automovilística, The Globe and Mail

**Consultor lingüístico**
Dr. Carlos García, M.D., Maestro bilingüe de Ciencias, Estudios Sociales y Matemáticas

**Agradecimiento especial a**
North American Solar Challenge; Panasonic World Solar Challenge y a Events South Australia

**Ilustraciones**
Vanessa Parson-Robbs: contraportada, páginas 8, 10, 32 (autos de Fórmula 1)
Margaret Amy Salter: páginas 7, 18, 23, 32 (todas excepto autos de Fórmula 1)

**Fotografías**
Dreamstime.com: © Shariff Che'lah: páginas 16-17; © Elemér Sági: página 25;
    © Tomislav Stajduhar: página 32 (autos de rally)
Icon SMI: David Allio: página 23; Brian Cleary: página 21; Vincent Curutchet/DPPI: página 24;
    Gilles Levent/DPPI: portada, página 11
iStockphoto.com: Nicola Gavin: página 32 (go-carts); Tan Kian Khoon: páginas 1, 5;
    Stefan Klein: página 10; Jason Lugo: página 20; Jacom Stephens: páginas 4, 26-27
Stefano Paltera/North American Solar Challenge: página 28
Imagen cortesía de Panasonic World Solar Challenge y de Events South Australia:
    páginas 29, 32 (autos solares)
Cody Images/Photo Researchers, Inc.: páginas 30, 31
© ShutterStock.com: Todd Taulman: página 18; Derek Yegan: página 22
Otras imágenes de Corel

**Traducción**
Servicios de traducción al español y de composición de textos suministrados por translations.com

**Library and Archives Canada Cataloguing in Publication**

Aloian, Molly
    Autos de carrera : ¡enciendan sus motores! / Molly Aloian y Bobbie
Kalman.

(Vehículos en acción)
Includes index.
Translation of: Racecars : start your engines!.
ISBN 978-0-7787-8305-3 (bound).--ISBN 978-0-7787-8315-2 (pbk.)

    1. Automobiles, Racing--Juvenile literature.  I. Kalman, Bobbie,
1947-
II. Title.  III. Series.

TL236.A4618 2007         j629.228         C2007-904476-X

**Library of Congress Cataloging-in-Publication Data**

Aloian, Molly.
    [Racecars, start your engines! Spanish]
    Autos de carrera : enciendan sus motores / Molly Aloian y Bobbie
Kalman.
        p. cm. -- (Vehículos en acción)
    Includes index.
    ISBN-13: 978-0-7787-8305-3 (rlb)
    ISBN-10: 0-7787-8305-7 (rlb)
    ISBN-13: 978-0-7787-8315-2 (pb)
    ISBN-10: 0-7787-8315-4 (pb)
    1. Automobiles, Racing--Juvenile literature. I. Kalman, Bobbie. II. Title.
III. Series.

TL236.A394518 2007
629.228--dc22

2007030491

## Crabtree Publishing Company

www.crabtreebooks.com        1-800-387-7650

**Publicado en Canadá**
**Crabtree Publishing**
616 Welland Ave.
St. Catharines, ON
L2M 5V6

**Publicado en los Estados Unidos**
**Crabtree Publishing**
PMB16A
350 Fifth Ave., Suite 3308
New York, NY 10118

**Publicado en el Reino Unido**
**Crabtree Publishing**
White Cross Mills
High Town, Lancaster
LA1 4XS

**Publicado en Australia**
**Crabtree Publishing**
386 Mt. Alexander Rd.
Ascot Vale (Melbourne)
VIC 3032

# Contenido

# ¿Qué es un auto de carreras?

Un **auto de carreras** es un **vehículo**. Un vehículo es una máquina que va de un lugar a otro. Los autos de carreras por lo general están pintados de colores vivos. Este auto de carreras es rojo vivo.

*¡Los autos de carreras están hechos para andar muy rápido!*

## Conducir en carreras

Las **carreras** de autos son competencias para ver qué automóvil y qué **piloto** pueden correr más rápido. El piloto es el conductor del auto de carreras.

*Hay muchas clases de carreras y muchas clases de autos de carreras. Sigue leyendo para aprender más sobre estos rápidos vehículos.*

# Partes muy potentes

Los autos de carreras tienen muchas partes. Cada parte tiene una función diferente. Una de las partes más importantes es el **motor**. El motor le da **potencia** al auto de carreras. La potencia hace que el auto de carreras se mueva.

Algunos autos de carreras tienen **alerones**. Pasa a la página 9 para leer más sobre los alerones.

El auto de carreras tiene **ruedas** y las ruedas tienen **neumáticos**. Los neumáticos están hechos de caucho.

El piloto usa los **frenos** para que el auto disminuya la velocidad y se detenga.

Algunos autos de carreras sólo tienen un asiento. Otros tienen dos o más asientos.

El piloto lleva un **casco** en la cabeza.

El auto de carreras tiene una **cabina** y en ella está el asiento del piloto.

El piloto usa el **volante** para darle dirección al auto.

# Elegante y estilizado

La forma de un auto de carreras es muy importante. El auto de carreras tiene una forma elegante y estilizada. Eso le permite ser rápido.

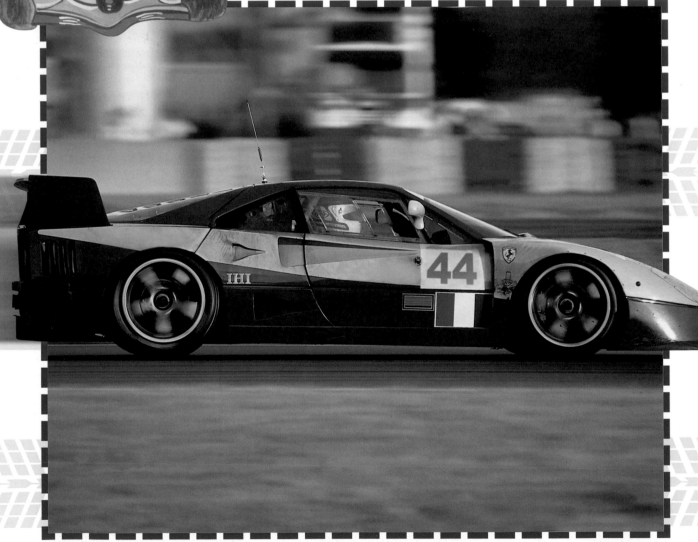

*Los autos de carreras son bajos. Eso ayuda a que el aire pase por encima del auto; así el auto puede andar más rápido.*

## Alerones para bajar

Los alerones le ayudan al auto de carreras a andar con rapidez. Cuando el auto se mueve, el aire pasa por encima de los alerones y los empuja hacia abajo. El aire también empuja el auto hacia abajo. De ese modo, los neumáticos se agarran al suelo y el auto de carreras puede ir más rápido.

*Este auto de carreras tiene un alerón adelante y otro atrás.*

# Circuitos de carreras

Los autos de carreras corren en **circuitos**. Un circuito es un lugar en el que se realizan carreras. Cada circuito tiene una línea de inicio y una meta. Algunos circuitos son **autódromos**. Los autódromos son pistas anchas y la mayoría tiene forma ovalada.

Este autódromo tiene forma ovalada.

En muchas carreras se usan **banderas** para indicarles a los pilotos qué deben hacer. Una bandera roja significa que hay que detenerse. Una amarilla indica que el piloto debe conducir con cuidado. Una bandera a cuadros indica el final de la carrera.

bandera a cuadros

# Circuitos de carretera

Algunos circuitos son **circuitos de carretera**. Están en caminos y calles de ciudades y pueblos. Durante una carrera, sólo los autos de carreras pueden estar en el circuito de carretera. Los caminos y las calles se cierran. No se permite la entrada de otros autos ni de otras personas.

# Autos deportivos

Algunos autos de carreras son **autos deportivos**.
Hay muchos tipos de autos deportivos, por ejemplo,
los Porsche y Corvette. Estos autos están hechos
para correr. Los autos deportivos corren en
autódromos ovalados y en circuitos de carretera.

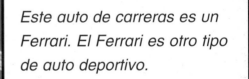

Este auto de carreras es un
Ferrari. El Ferrari es otro tipo
de auto deportivo.

## ¿Corto o largo?

Algunas carreras de autos son cortas. Los autos dan pocas vueltas en el circuito. Otras carreras tienen cientos de millas de largo. En las carreras largas, los autos deportivos le dan varias vueltas al circuito.

# En los boxes

Los autos de carreras no pueden terminar una carrera larga sin detenerse. Necesitan parar para poner **combustible**. La gasolina es un tipo de combustible. Los motores necesitan combustible para generar potencia. Los autos de carreras paran al costado de los circuitos, en lugares llamados **boxes**.

*Este auto de carreras paró en un box.*

## Controles rápidos

Cuando un auto de carreras **entra a los boxes**, los **mecánicos** le ponen combustible. Los mecánicos son las personas que controlan y reparan las máquinas. También cambian los neumáticos del auto de carreras.

*Los mecánicos trabajan muy rápido. ¡Pueden cambiar los cuatro neumáticos en segundos! Trabajan con rapidez para que el auto de carreras pueda seguir corriendo.*

# Autos de Fórmula 1

Los **autos de Fórmula I** son los autos de carreras más rápidos. Generalmente corren en circuitos de carretera. Las carreras de Fórmula I se llaman Gran Prix. Hay distintas clases de Gran Prix.

*Un auto de Fórmula I es un auto de **ruedas descubiertas**. Las ruedas están fuera del auto. Los autos de ruedas descubiertas están hechos para correr.*

> *Un auto de ruedas descubiertas tiene un solo asiento.*

## ¡Respeten la fórmula!

Los autos de Fórmula 1 se construyen usando una **fórmula** o conjunto de reglas. Todos los autos de Fórmula 1 tienen la misma longitud y el mismo peso. Todos los motores de Fórmula 1 tienen el mismo tamaño.

# Autos de Fórmula Indy

Los autos de **Fórmula Indy** son autos de ruedas descubiertas, pero son más largos y pesados que los autos de Fórmula 1. Los autos de Fórmula Indy corren en autódromos ovalados.

# Las 500 millas de Indianápolis

Muchas ciudades tienen autódromos para carreras de autos de Fórmula Indy. Uno de esos autódromos es el **Indianapolis Motor Speedway**. Allí se corre la carrera más importante de Fórmula Indy, llamada "Las 500 millas de Indianápolis" porque los autos recorren 500 millas (805 km).

*Los autos de Fórmula Indy pueden correr a más de 200 millas por hora (322 km por hora). Esta velocidad es más del doble de la velocidad de un auto común.*

# Autos de serie

Un **auto de serie** parece un auto común de la carretera, pero todas sus partes están hechas para correr. Los autos de serie tienen un motor muy grande y potente. Los neumáticos son lisos. Son **neumáticos sin dibujo**.

*Los neumáticos lisos de este auto de serie le permiten buen agarre del suelo de la pista.*

# NASCAR

La **Asociación Nacional de Carreras de Autos de Serie** (**NASCAR**) organiza carreras para autos de serie. La mayoría de estas carreras se realizan en autódromos. Es muy emocionante ver una carrera de NASCAR. Hay muchos autos corriendo al mismo tiempo, muy cerca uno del otro. A los pilotos les cuesta mucho trabajo pasar a los demás autos.

# Dragsters

Los autos *dragsters* se fabrican para tener mucha aceleración. Alcanzan la **velocidad máxima** en pocos segundos. La velocidad máxima es la mayor velocidad que un vehículo puede tener. Las carreras de estos autos se llaman **carreras de aceleración**.

*Los* dragsters *no corren en autódromos ovalados como los demás autos de carreras. Por lo general, las carreras son de sólo dos autos a la vez.*

# Con paracaídas

El *dragster* va a su máxima velocidad cuando alcanza la meta. Va tan rápido que necesita ayuda para detenerse. Algunos *dragsters* tienen un **paracaídas**, que es un gran círculo de tela. El paracaídas se abre en la parte trasera del auto para ayudarlo a detenerse.

# ¡En el *rally*!

Los **autos de *rally*** son autos de carreras muy resistentes. Están hechos para carreras de larga distancia llamadas ***rallies***. Los *rallies* no se corren en autódromos ni en carreteras. Parte de los circuitos puede estar en caminos, pero también entre el barro, las rocas y el pasto. Los *rallies* se llevan a cabo sin importar cómo sea el estado del tiempo. Los autos a veces corren con lluvia, nieve y sobre el hielo.

*Este auto de* rally *está saltando sobre un bache.*

## Las cuatro ruedas

Los autos de *rally* deben poder andar sobre baches y en caminos con barro. Muchos tienen **tracción en las cuatro ruedas**. De ese modo, las cuatro ruedas reciben potencia del motor al mismo tiempo. Los autos con tracción en las cuatro ruedas son buenos para andar sobre el barro y los terrenos difíciles.

*Los* rallies *son carreras largas que duran varios días.*

# Go-carts

Los **go-carts** o cochecitos son los autos de carreras más pequeños. Son livianos y muy pegados al suelo. Tienen ruedas y motores pequeños. Eso los hace menos rápidos que otros autos de carreras. Los pilotos de *go-carts* corren en autódromos cortos.

*Muchos famosos pilotos de autos de carreras han aprendido a correr en go-carts.*

# Autos solares

Los **autos solares** son diferentes de los demás autos de carreras. Su motor también es diferente, porque recibe energía de la luz del sol y así tiene potencia para moverse. Los autos solares no pueden correr tan rápido como los demás autos de carreras.

*Los autos solares tienen un aspecto diferente del de los demás autos de carreras. Son más anchos, más planos y más livianos. Al ser anchos y planos, pueden tomar toda la luz del sol posible.*

## Una carrera muy larga

El Desafío Solar Mundial es una carrera para autos solares. Se realiza en Australia, donde hace mucho sol. Los autos solares corren una gran distancia. Cruzan toda Australia y la carrera dura muchos días.

*Este auto solar acaba de iniciar el Desafío Solar Mundial en Australia.*

# Un auto extrarrápido

El **Thrust SSC** es el auto más rápido de la Tierra. SSC son las siglas en inglés de "**auto supersónico**". Un auto supersónico puede ir más rápido que el sonido. El Thrust SSC tiene dos **motores a reacción**. Los motores a reacción son iguales a los motores de un avión con motor a reacción. Estos motores hacen que el auto corra muy rápido.

*El Thrust SSC es el auto más potente de la Tierra.*

## Superar la marca

En 1997, un hombre llamado Andy Green condujo el Thrust SSC en un desierto de Nevada. Recorrió 19 millas (31 km) mucho más rápidamente que cualquier otro piloto. ¡Andy Green condujo el Thrust SSC a 763 millas por hora (1228 km por hora)!

# Palabras para saber e índice

**autos de
Fórmula 1**
páginas 16-17, 18

**autos de
Fórmula Indy**
páginas 18-19

**autos de *rally***
páginas 24-25

**autos de serie**
páginas 20-21

**autos deportivos**
páginas 12-13

**autos solares**
páginas 28-29

***dragsters***
páginas 22-23

***go-carts***
páginas 26-27

**Thrust SSC**
páginas 30-31

## Otras palabras

Impreso en Canadá